I0071307

TABLEAUX SYNOPTIQUES

CONTENANT

HISTOIRE DU DROIT ROMAIN

ET

SES CONCORDANCES AVEC L'HISTOIRE POLITIQUE

DES ORIGINES A JUSTINIEN

conformes à l'esprit des nouveaux programmes

PAR

G. VALLET

Docteur en Droit,
Lauréat de la Faculté de Lyon,
Substitut du Procureur de la République à Lyon.

~~~~~~

Prix : 2 fr. 50

~~~~~~

PARIS

LIBRAIRIE DE LA SOCIÉTÉ DU RECUEIL GÉNÉRAL DES LOIS ET DES ARRÊTS
ET DU JOURNAL DU PALAIS
Ancienne Maison L. LAROSE et FORCEL
22, rue Soufflot, 22
L. LAROSE, Directeur de la Librairie

—

1898

TABLEAUX SYNOPTIQUES

CONTENANT

L'HISTOIRE DU DROIT ROMAIN

ET

LES CONCORDANCES AVEC L'HISTOIRE POLITIQUE

DES ORIGINES A JUSTINIEN

IMPRIMERIE
CONTANT-LAGUERRE

BAR-LE-DUC

TABLEAUX SYNOPTIQUES

CONTENANT

L'HISTOIRE DU DROIT ROMAIN

ET

LES CONCORDANCES AVEC L'HISTOIRE POLITIQUE

DES ORIGINES A JUSTINIEN

Conformes à l'esprit des nouveaux programmes

PAR

G. VALLET

Docteur en Droit,
Lauréat de la Faculté de Lyon,
Substitut du Procureur de la République à Lyon.

~~~~~~~~~~~

PARIS

LIBRAIRIE DE LA SOCIÉTÉ DU RECUEIL GÉNÉRAL DES LOIS ET DES ARRÊTS
ET DU JOURNAL DU PALAIS
Ancienne Maison L. LAROSE et FORCEL
22, rue Soufflot, 22
L. LAROSE, Directeur de la Librairie
—
1897

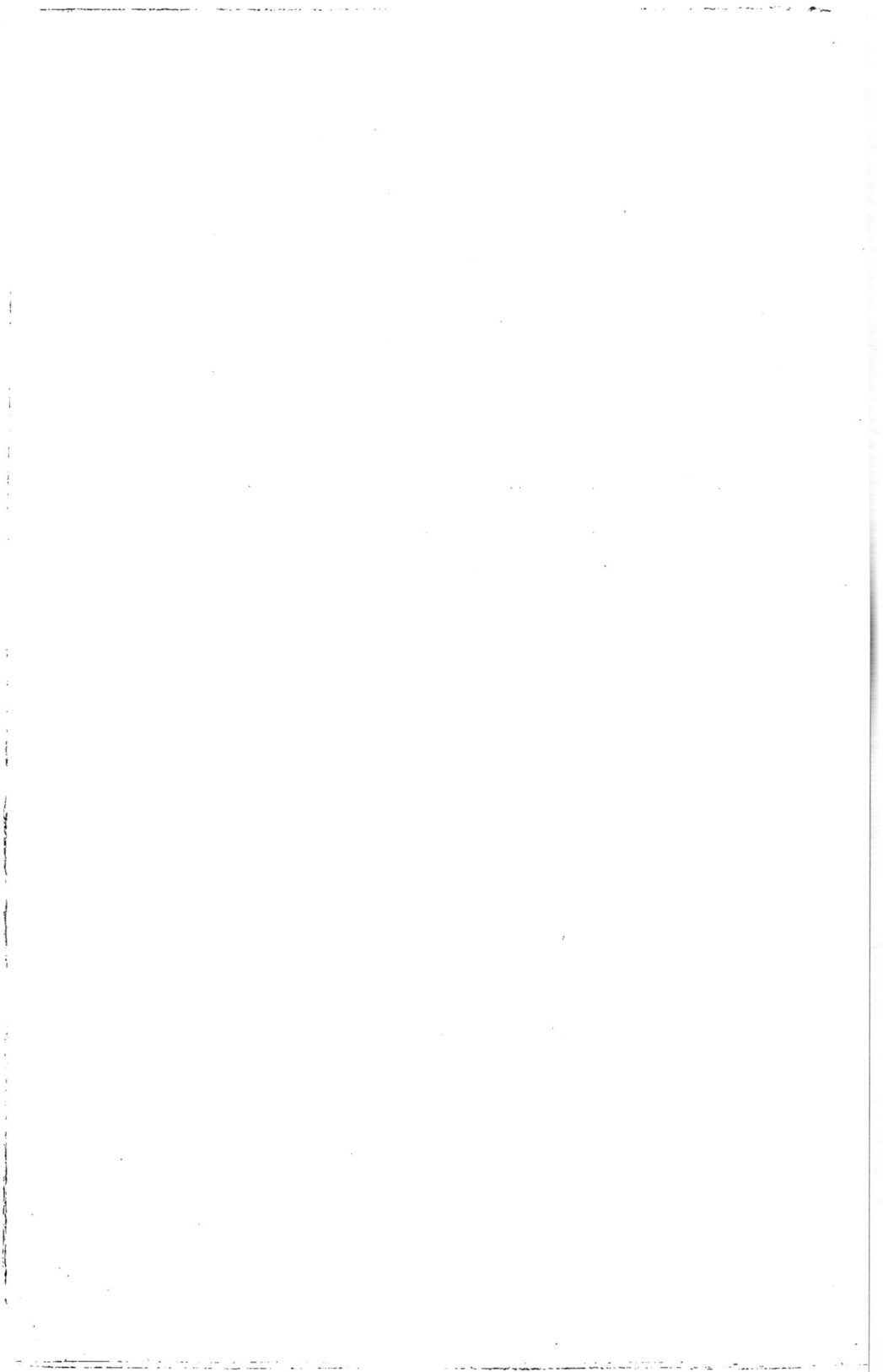

AVANT-PROPOS

————

Les tableaux historiques que nous offrons à Messieurs les Étudiants répondent, nous l'espérons au moins, aux développements que l'étude de l'histoire a pris dans l'enseignement des Facultés et que vient de consacrer officiellement le Décret du 1er mai 1895. Nous avons cherché à présenter, sous la forme d'un *Résumé* qui parle aux yeux, l'évolution du Droit en même temps que les principaux faits historiques.

Il est inutile d'ajouter que ces tableaux ne peuvent suppléer à l'étude attentive d'un livre spécial ou d'un cours oral. Ils auront du moins l'avantage de présenter un cadre dans lequel l'élève pourra fixer ses souvenirs pour les y retrouver en temps opportun.

Les deux premières colonnes à gauche renferment l'indication de la chronologie, soit avant ou après Jésus-Christ, soit à partir de la fondation de Rome. La troisième colonne contient la liste des lois successives et des institutions principales de l'époque : en regard, on trouvera, dans la quatrième colonne, l'indication des faits historiques des mêmes périodes ainsi que les noms des grands hommes qui ont contribué à augmenter le patrimoine intellectuel que nous a légué la Ville Éternelle.

LETTRE-PRÉFACE

Mon cher ami,

Vous avez pensé que les jeunes romanistes de nos Facultés (je veux dire les Étudiants, romanistes souvent par nécessité plus que par goût) perdent trop fréquemment de vue le lien qui existe entre le développement du droit romain et l'histoire même de Rome.

Tous les romanistes de profession (et je parle maintenant des maîtres) savent à quel point vous avez raison. L'enseignement du droit romain a eu beau devenir un enseignement historique; l'expérience, parfois attristante, de l'examen démontre que, pour beaucoup, ce droit n'est encore qu'un amas de formules incomprises, sans rapport avec l'histoire et avec la vie. Aussi avez-vous formé le très louable dessein de mettre sous les yeux des Étudiants, en un bref et saisissant résumé, le développement parallèle de l'histoire romaine et du droit romain.

C'est là une utile collaboration dont je tiens, mon cher ami, à vous remercier. Puissent vos tableaux synoptiques donner à un grand nombre la vue d'ensemble de la longue évolution qu'a traversée le droit de Rome, depuis Romulus et Numa jusqu'à Justinien! Puissent-ils les convaincre de la nécessité d'unir toujours l'étude de l'histoire à celle du droit!

Adrien AUDIBERT,
Professeur de droit romain à la Faculté de droit de Lyon.

Lyon, 28 mai 1897.

BIBLIOGRAPHIE

Ortolan. — *Généralisation du droit romain*, t. I.

Maynz. — *Cours de droit romain*, t. I (partie historique) et passim.

Roms Juristen de **Wilhelm Kalb** (passim).

Mommsen. — *Histoire* (passim).

Krueger. — *Histoire des sources du droit romain. Manuel des antiquités romaines*, t. XVI.

Girard. — *Manuel élém. de droit romain* (1896).

Bruns-Pernice. — *Geschichte und Quelle. — Labeo*.

Rivier. — *Introduction historique au droit romain* (1881).

Karlowa. — *Römische Reschtsgeschichte*.

Duruy. — *Histoire romaine* (passim).

ABRÉVIATIONS

f ou fg....	Fragment.
gram.	Grammairien.
(j.) ou (jur.)	Jurisconsulte.
L.	Loi.
(litt.)	Littérateur.
(p.)	Poète.
Px	Pontife.
Stc.	Sénatus-consulte.
Ctr.	Controverse.
V. ou Voy.	Voyez.
(?)	Date incertaine.
(+ ou —)	Après ou avant J.-C. (Chronologie indiquée dans la première colonne de gauche.)

DATE.		LOIS ET INSTITUTIONS JURIDIQUES. — JURISCONSULTES CÉLÈBᴇES
Av. J.-C.	De R.	

		(A) LES ROIS.
— 754		Des gentes — 3 Tribus orig^res (30 curies). *Lois curiates. Sénat* (ᴱ0 *Royauté*. Patriciens et plébéiens — (Esclaves) — Patrons et ᴇlie — Comices par *curies, centuries, tribus* (35) — Droit public ᴤaᴄ *sacerdotes, magistratus*). La constitution originaire des *Quirites* était démocratique aᴠec chef élu à vie et un conseil représentatif. — On trouve déjà, à cᴇ époque, des traces de *confréries* (*sodalitates*).
— 714		Le culte s'établit : Fusion des religions italique et grecque. — ᴄ lège des pontifes; augures, vestales (6); flamines (*flamen* ᴵiaᴵ
	(50)	— Numa introduit le calendrier de 12 mois en ajoutant : janᴠieᴵ février. Jours fastes (*Do*, *dico*, *addico*) ou non. Dies inter isi
— 700		Collège des Féciaux (20) (*Pater patratús*). Augures (4). Le grand pontife (*Pᴢ Maximus*) a la rédaction et la garᴅe grandes annales de la Cité.
— 672		A chaque avènement royal, les comices par curies rendent une *regia*, qui confère l'*imperium* au roi. — Les *duumvirs* sont ᴄaaᴵ de la poursuite des crimes c/ la chose publique (plus tarᴅ qᴵ *teurs*) — *Interrex*.
	(100)	
— 640		La plèbe apparaît et se forme (Niebuhr). Le droit de cité est ᴄᴏnᴵ aux Latins soumis.
		(136) Création de 100 ou 150 nouveaux patriciens (*gentes* mᴵᴐor Tarquin créa probablement les centuries de chevaliers (6). Les centumvirs (105 juges-*Hastæ*) existaient probablement ᴇéj cette époque (V. anno 512) (Niebuhr les fait remonter à S. Tᴜll
— 600	(150)	(v. 176). Les *decemvirs litibus judicandis* existaient peut-êtrᴇ aᴵ dès cette époque.
		Création de l'aristocratie d'argent : (5 classes de citoyens ᴸas sur le *Cens* ; *Assidui* (Cens institué : lustres ; affranchissements — cl. + de 100.000 as — 2ᵉ/ + de 75.000 — 3ᵉ/ + de 50.0ᴐ0 4ᵉ/ + de 25.000 — 5ᵉ/ + de 12.500 — au dessous : + de ᴵ.ᴵ (*Velati*) ; + de 375 (*Proletarii*) — au-dessous : *Capite censi* ᴶD d'Halyc.). — En tout, 193 (Denis d'Hal.) ou 194 C. — Chaᴄᴜn *une voix* (*Seniores, juniores*). Servius créa 12 centuries guerᴵié
	(200)	de chevaliers, ce qui les porte à 18. Elles sont hors classe. ᴀᴵᴀ

PRINCIPAUX FAITS HISTORIQUES DES MÊMES PÉRIODES.

21 Avril (?) — Fondation de Rome par *Romulus*. — Romulus et Remus. Fusion
{ des *Luceres* (*lucumons*) } *Tatienses*, } *Ramnenses*. { Guerre contre les Sabins. Tra-
{   (Etrusques) } (Sabins) \   (Latins) { hison de Tarpeïa.

(39) — Mort de *Romulus*. *Numa Pompilius*. La nymphe *Egérie*.

(81) *Tullus Hostilius*. Destruction d'Albe — (Les Horaces et les Curiaces). Distribution de
terres.

(113) *Ancus Martius*. Le Latium est soumis. Rome fortifiée. Pont Sublicius construit
— Prison Mammertine — Nouvelles distributions de terres.

(136 ou 138) *Tarquin l'Ancien*. Const[ion]. des *cloaca maxima*. Le Capitole est construit.

Meurtre de Tarquin par l'un des fils d'Ancus Martius.
(176) *Servius Tullius*. Centuries. Réorganisation politique et militaire. La ville s'étend
aux sept collines. Ce roi opère la dernière division de l'*ager publicus*.

DATE.		LOIS ET INSTITUTIONS JURIDIQUES. — JURISCONSULTES CÉLÈBRES.
Av. J.-C.	De R.	
		gativa. — Il était rare qu'on eût à consulter la 2ᵉ classe (Voy. ci après, à la date 468).
— 510		Les tribus (35) s'organisent (4 urbaines — 31 rurales). Chacune a un culte. Mais on ne les a créées que successivement (Voy. anné 512). Elles n'ont pas encore d'existence politique, et ne voten pas.
		(220) S. *Papirius réunit en une sorte de Code les leges Regiæ* (Ju **civile Papirianum**) (Dig. fg. 2, § 2, (1, 2). — La *lex tribunici* les abroge toutes (Point très douteux, critique moderne). Magis tratures électives. Exclusivisme des prérogatives du citoyen : *con nubium, commercium, factio testamenti.* — Les 4 puissances d jus quiritium : (*P. Patria, Dominica, Manus, Mancipium*).
— 500	(250)	## (B) **LA RÉPUBLIQUE** (244).
— 485		*Consuls annuels.* Les attributions du Sénat augmentent (Culte, f nances, relations internationales).
		Leges Valeriæ. Provocatio ad populum permise à tout condamné mort, à la perte de la Cité ou de la liberté (Quæstores parricidii Quæstores). Dictateurs. Magister equitum (253) — (260) On cré les tribuns du peuple (2) = (*Leges sacræ*) — (265) *Premier plébis cite* (Comices par tribus). On crée 2 édiles plébéiens (gardiens de archives plébiscitaires). Tout magistrat a le droit d'*intercessio.* Le tribuns l'avaient même contre *les décisions du Sénat* — (268) Le agraire de Spurius Cassius = (qq. critiques modernes placent e 480 la réforme censitaire attribuée généralement à S. Tullius. V. 580 (283) On nomme 5 tribuns du peuple.
	(300)	(297) On nomme 10 tribuns du peuple. — (L. *Icilia*) : Partage de terres publiques de l'Aventin. L. *Aternia Tarpeia* qui permet au magistrats d'infliger des amendes.
		(303) **Loi des XII Tables** (origine grecque) (?) — (Carmen necessa rium). — Les formules des *actions de la loi* se précisent (G. IV § 11) — (*Sacramentum — Judⁱˢ postulatio — Manus injectio — Pigno ris capio*). Le *jus* et le *judicium* existaient déjà — (305) *Loi Valeri Horatia :* les plébiscites seront obligatoires pour tous — (309) L *Canuleia.* On permet le mariage entre plébéiens et patriciens — Tribuns militaires — (311) On crée les censeurs (2). (324) *Lois Julia et Papiria.* Le chiffre des amendes devra désormai s'évaluer en argent.

PRINCIPAUX FAITS HISTORIQUES DES MÊMES PÉRIODES.

L. Tarquin assassine son beau-père Servius (via Scelerata).
(220) *Tarquin le Superbe*. Luttes entre l'aristocratie et la royauté. On termine le Capitole. Les livres sibyllins. Brutus va à Delphes. Lucrèce.

Les 2 premiers consuls sont *J. Brutus* et *L. Tarquinius Collatinus*. Luttes contre le gendre de Tarquin (Aruns). Luttes plébéio-patriciennes.
260 — Retraite du peuple sur le mont Aventin (sacré). — (258) Bataille du lac Régille. Mort de Tarquin.
(264) Coriolan. Son exil est prononcé par une assemblée des tribus.
(277) Les Fabius au Crémère —

(Vers 293) *C. Terentilius Arsa* propose la première codification des lois.
(295) Les bannis guidés par Coriolan surprennent le Capitole.

Les Decemvirs. — (305) Appius Claudius et Virginie. Chute des Decemvirs — (309) Troubles : retraite du peuple sur le mont Janicule. Les Romains s'étendent en soumettant l'Italie.
(315) *Cincinnatus*, dictateur. — Assassinat de *Sp. Mælius.*

DATE.		LOIS ET INSTITUTIONS JURIDIQUES. — JURISCONSULTES CÉLÈBRES.
Av. J.-C.	De R.	
— 400	(350)	(335) Création de 2 nouveaux questeurs qui pouvaient être plébéiens (348) Le Sénat accorde spontanément une paye régulière aux soldats — Nouveaux progrès de l'autorité tribunitienne.
— 363	(400)	(367-395) Création des centumvirs pour certains auteurs (Voy. ann 176 et 512). (387) Les plébéiens peuvent arriver au consulat, au sacerdoce et la dictature. — Création du *préteur* (1 puis 2), des *édiles curules* (2) (jeux publics, hautes attributions de police) — (387) *Loi Licinia* personne ne peut posséder plus de 500 arpents de terre. Est-ce une loi agraire? (Ctr.). (qq. auteurs donnent pour date de cette la l'année 378) — (397) La *vicesima manumissionum* apparaît.
— 342	(450)	(402) La censure devient accessible aux plébéiens — (414 ou 416, 44 *Loi Publilia* (Pub. Philo). L'*auctoritas* du Sénat devra être donnée d'avance aux lois centuriates (413 ?). *L. Genucia* abolissant l prêt à intérêts — (414-418) *Publilius Philo*, 1er préteur plébéien.
— 300	(450)	(428) *Loi Petilia Papiria*, abolissant le *nexum* (qq. auteurs placer cette loi en 441). (442) *Ap. Cl. Cœcus* publie un traité *de usurpationibus*. — 442 (?) L *Ovinia*. Le recrutement du Sénat est confié aux censeurs. (450) *Cn. Flavius* divulgue les *fastes* (*Jus Flavianum*) (Tite-Live, VII § 28) — (453) Les plébéiens arrivent aux collèges des pontifes e des augures — (465) La loi *Papiria* crée des *tresviri capitales*. (467) *L. Mœnia*. Les curies perdent le droit de sanctionner les élec- tions. (468) *Leges Publiliæ* : α) L'un des censeurs sera plébéien. β) Loi d 414-6. γ) Rappel de la loi *Valeria Hª* de 305.
	(500)	(468) *Loi Hortensia* : 3e rappel de la loi *V. Horatia* sur l'autorité de plébiscites : suppression (?) de l'*auctoritas* du Sénat. Augmentatio des pouvoirs des tribuns du peuple. *Leges Julia et Plautia* (de civitate). Le *jus Latii* est accordé aux peu- ples d'Italie ; les Latins deviennent citoyens romains. (474) *Tib. Coruncanius* introduit l'usage de « *respondere publicè* ».
— 240		(507) Création du *préteur pérégrin*. — Mort de *Tib. Coruncanius*, qu le 1er enseigna le *Droit*. (512) On crée les 2 dernières tribus, ce qui porte leur nombre total 35. Chacune fournit 3 membres au tribunal Centumviral — (51

PRINCIPAUX FAITS HISTORIQUES DES MÊMES PÉRIODES.

350) Destitution des Decemvirs.

359) Prise de Véies.

364) Rome prise par les Gaulois — Manlius et Camille.

365) Cères est le premier *municipe* fondé, pour récompenser ses habitants d'avoir sauvé les dieux de Rome, lors de l'invasion gauloise.

371) Manlius Capitolinus délivre plus de 400 plébéiens détenus pour dettes — 378) *Licinius Stolon* et *Lucius Sextius*.

387) Camille nommé dictateur.

391) Premiers jeux scéniques.

(398) *C. Marcius Rutilius*, dictateur.

(412) Première guerre contre les Samnites — (414) Guerre contre les Latins (Decius).

(416) Les Gaulois sont refoulés au delà du Pô.

(427) 2e Guerre contre les Samnites.

(431) Création de la première *préfecture* hors de Rome — (433) Les Fourches-caudines — (434) Conquête de l'Apulie.

(453) Soumission des Samnites — (454) Soumission des Herniques et des Eques.

(461) Bataille de Sentinum.

Retraite sur le mont Janicule. — L'Italie est soumise complètement — (474 à 482) Guerre de Pyrrhus — (474) Bataille d'Héraclée. Le 3e Decius et bataille d'Asculum — (479) Bataille de Bénévent — (475) *Ap. Claudius Cœcus* prononce le 1er discours écrit.

(490-513) *Première guerre punique* — (491) Traité avec Hiéron — (494) Victoire de Duillius — (498) Regulus.

(505) Défaite de Cl. Pulcher — (513) Victoire des îles Ægates. La guerre inexpiable.

(513) La Sicile est rattachée à Rome. — (514) *Livius Andronicus* fait représenter la 1re tragédie — (519) *Nevius* débute au théâtre.

DATE.		LOIS ET INSTITUTIONS JURIDIQUES. — JURISCONSULTES CÉLÈBRES.
Av. J.-C.	De R.	
— 200	(550)	520) Création de la *Condictio* (5° Legis A°). *Leges Silia* et *Calpurnia*. Extension des colonies (Coloniæ latinæ — Jus latinitatis — Civitates liberæ — Populi fundi — Municipia (Préfectures) — On crée (527) 2 nouveaux préteurs (Sicile, Sardaigne). — Certains auteurs (M. *Girard*, p. ex.), placent après 513 (?) les lois sur la *fidepromissio* et la *fidejussio* (LL. *Apuleia*, *Furia*, *Publilia*, *Cicereia*) (V. 654).
		(Vers 550?) *Leges Porciæ*. Il est interdit de faire battre ou mettre à mort des citoyens romains.
		Loi Cincia (*De donationibus*). 552. S. *Ælius* publie ses *tripertita* (*Jus Ælianum*).
		(557) On crée 2 préteurs pour l'Espagne. — (Proconsuls, propré- teurs, fermes pour les impôts (Vectigal, Stipendium).) (Provinces *consulaires* (plus tard *de César*) ou *du peuple* — 3 différences : Pro- consuls (Légats), Propréteurs = Stipendium, vectigal = Fiscus, ærarium) = vers 565 (?) **Lex Plætoria.**
		(568 à 570) Organisation et développement des *quæstiones perpetuæ* — Table *de bacchanalibus* — (570) *Caton* l'ancien (Commentaires de droit, responsa).
	577 (?)	571 (?) *Lex Furia testamentaria*.
	583 (?)	(?) **Lex Æbutia** (*ou 605-630*) *Abrogation des Legis actiones*, sauf devant les Centumvirs et *damni infecti causâ*. — Procédure formu- laire (Cf. 708 et 729). — 584. Stc. de Thisbe — (585) L. **Voconia.**
	(600)	(vers 600). *Porcius Cato* (règle catonienne) — (596) P. *Rutilius Rufus* (Formule Rutilienne).
— 100	(650)	(604) L'école stoïcienne pénètre à Rome. Épicure et les rhéteurs. — Le stoïcisme exerce sur le Droit une influence considérable — (605) L. *Calpurnia* repetundarum.
		(621) L. *Sempronia agraria*. Nul ne peut posséder plus de 500 jugera d'*ager publicus* + 250 par enfant mâle — (624) L. *Atinia*. Les tribuns de la plèbe peuvent entrer au Sénat. — P. *Mucius Scæ- vola* (j.) — (631) LL. *Sempronia* frumentaria; *Acilia*, repetunda- rum — (633) L. *Maria* de ambitu — (635) L. *Julia* peculatûs — (632) L. *Sempronia*, judiciaria — (635, 643 ou 647) L. *Thoria*, agraria, garantit les possessions actuelles franches de redevances.
		(648 ou 654) L. *Servilia*, repetundarum — (656) L. *Cæcilia Didia*, in- terdisant de faire une loi per *saturam* (sur des sujets hétérogènes). (650) *Rogatio Marcia* (agraire) rejetée — (652) L. *Luctatia*, de vi — LL. *Apuleia* (654) — *Titia* (655) — P. *Rut. Rufus*. L. *Furia* (de Sponsu) (?) *Livia* (663).
		(658) *Quintus Mucius Scævola*, jurisconsulte, est nommé *consul*. Il ré-

PRINCIPAUX FAITS HISTORIQUES DES MÊMES PÉRIODES.

)(526) La Sardaigne est conquise.
)(*Plaute*) — (— 235) *Ennius* (litt.) — (533) Triomphe de *Marcellus*.
)(536-558) *Deuxième guerre punique.* (Annibal, Scipion l'africain). Batailles du Tessin et
· de la Trébie ; du lac de Trasimène ; de Cannes.

)(— 220) *Pacuvius* (p. tragique) — (542) Prise de Syracuse.
)(543) Prise de Capoue — (554) Guerre avec Philippe de Macédoine.
)(*Térence*) (litt.) (?)

(557) Bataille de Cynoscéphales.
(558) Bataille de Zama.
(— 184) *Mort de Plaute*.
(564) Bataille de Magnésie — (570) *Caton* l'ancien, censeur.

(571) Mort d'Annibal et de Philopœmen.
(580 à 664) *Accius* (poète épique).

(585) Soumission de la Macédoine. Bataille de Pydna.

(604-608) *Troisième guerre punique* — (Scipion le 2ᵉ africain).
(608) L'Afrique carthaginoise est conquise. La Grèce devient province romaine (*Mum-
mius*) — (609) Mort de *Caton*.

(621) *Tib.* et *C. Gracchus*. Lois agraires. — 1ʳᵉ guerre servile (*Tubéron* et *Scævola. Afra-
nius.* litt.) — (634) Guerre avec *Mithridate*.
(638) *Varron* (litt.) — (643 à 648) Guerre avec *Jugurtha*.
(641 à 653) Guerre contre les Cimbres. Bataille de Verceil.

(647) *Marius* est élu consul. —
(— 103) — Mort de *Licilius* (poète). 2ᵉ guerre servile.

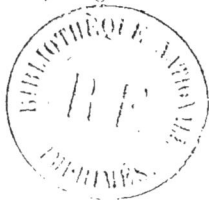

DATE.		LOIS ET INSTITUTIONS JURIDIQUES. — JURISCONSULTES CÉLÈBRES.
Av. J.-C.	De R.	

DATE.		LOIS ET INSTITUTIONS JURIDIQUES. — JURISCONSULTES CÉLÈBRES.
	(700)	digea 18 livres de Droit civil — (659) L. *Licinia Mucia*, de civitat — (663) L. *Livia* judiciaria, L. *Pompeia (Cicereia ?)* L. *Julia* (664) — (665) L. *Fabia*, de plagio — L. *Plautia* (665) de civitate — *Valeria* (668). (673) L. *Cornelia juda* (Sylla) rend le pouvoir jud[re] aux sénateurs — L. *Cornelia* de falsis — L. *C.* de sicariis — (682) *Plebiscitum de Thermensibus* — (684) L. *Aurelia* — Partage du pouvoir judiciaire entre les sénateurs et les chevaliers — (687) L. *Cornelia*, ordonne au magistrats qui entrent en charge de publier un édit fixe. (Réglementation d'un usage préexistant) — (692) L. *Licinia Junia*. (693) *Rogatio Servilia Rulli*, rejetée — (693) L. *Flavia* agraria, rejeté — *Aq. Gallus* (j.). (695) *Lex Julia* agraria. Partage de la Campanie entre les *cives* pauvres ayant 3 enfants. *Trebatius* (j.) On crée de nombreux magistrats : quinquevirs, triumvirs, quatuorvirs, etc.
		(705-707) La Gaule cisalpine reçoit le droit de cité (Tabula Velleja. S. *Sulpicius* (j.) (vers 704). (708) *Lex Julia Cæsaris* (procédure) — (709) L. *Julia municipalis*. L. *Rebria* (Table d'Héraclée, trouvée en 1732) — (714) **L. Falcidia** — L. *Scribonia* (?) — Alf. *Varus* (j.) — A. *Ofilius* (j.) — *Cascellius* (j. — *Tubero* (j.)
Jésus-Christ (754)	(750)	## (C) L'EMPIRE. (729) *Lex julia* judiciaria. *Leges Juliæ*, majestatis et de ambitu. Le Sénat reçoit des fonctions législatives de droit privé. Il est à la dévotion de l'Empereur. Constitutions impériales. Leur autorité remonte à Auguste (Ortolan). (*Lex Regia*) (Résurrection de la vieille loi curiate). Pouvoirs illimités conférés à l'Empereur. — *Auguste* permet aux Prudents de *respondere*. Le *consilium* de l'Empereur s'organise. — *Labéon* (Proculiens), (64 f.) et *Capiton* (Sabiniens) = *Leges Julia* et *Papia Poppæa* (caducaires) (736-757) — (762 Les *fideicommis* et les *codicilles* apparaissent — L. *Julia vicesimari* — L. *Julia de fundo dotali*. (757) **L. Æ. Sentia** sur les affranchissements. — L. *Fufia Canini* (affranchissements limités) (?) L. *Junia Velleia* (?) (postumes). Distinction entre le *fiscus* et l'*ærarium*.
(+ 10) (14)	(763)	Stc. *Silanien*. L'Empereur peut lui-même soumettre une *oratio* au Sénat. Tibère enlève au Sénat ses attributions internationales. *Sabinus* (disciple de Capiton). — (772) (?) **Loi Junia Norbana** (crée les Latins Juniens).

PRINCIPAUX FAITS HISTORIQUES DES MÊMES PÉRIODES.

(663) La guerre sociale. Lutte ardente entre les Castes. Mort de *Crassus*.
(667) Guerres civiles. *Marius* et *Sylla* — (668) Bat. de Chéronée, Orchomène — (672)
Sertorius. Mort d'*Antoine* (667) — *Cicéron* et *Aq. Gallus* — (681) Mort de *Mithridate*.
(682) Guerres serviles.
Pompée, C. *Cornelius* et P. *Clodius*.

(690) Le Triumvirat (*Pompée, Crassus, César*) — (691) *Catilina*.

(695) (— 59) *Tite-Live* (hist.) naît à Padoue.
(696 à 704) *César* soumet la Gaule — (700) *Crassus* chez les Parthes. Mort de *Salluste*.

(704) Prise d'Alésia. *Vercingétorix* prisonnier. — Guerre civile — (705) Conquête de
l'Espagne. Pharsale.
(709) (-- 44) Mort de *César*. 2ᵉ Triumvirat (*Antoine, Lépide, Octave*). Les proscriptions
(*Cicéron*). Les 2 batailles de Philippes — (719). Mort de *Pompée*.

(723) **Auguste.** — Bataille d'Actium — (724) Mort d'*Antoine* et de *Cléopâtre*.
(725) *Auguste est nommé imperator*. Organisation impériale. Légats, proconsuls, préfets
(4), prétoriens, quinquevirs (gardes de nuit). (Édits, Décrets, Rescrits). Auguste cen-
tralise tous les pouvoirs. Il crée la *vicesima hereditatum*.

Varus. — *Lucrèce* (litt.). — *Horace* (p.). — *Virgile* (p.). — *Tibulle, Catulle, Properce,
Ovide* (poètes). — *Vitruve* (architecte). — *Ludius* (peintre, inventeur de la fresque) (?)
— *Verrius Flaccus*.

Mort d'*Auguste*.
(767) **Tibère.** Guerre de Germanie (*Germanicus*). — *Séjan*. — Cruautés impériales. —
(+ 16) Mort de *Tite-Live*. — (*Valerius Probus*, gram.). -- (*Valère Maxime, Vel. Pater-
culus*, historiens). — *Sénèque*. — *Quintilien*. — Les 2 *Pline*. — *Tacite* (hist.). — *Flo-*

DATE.		LOIS ET INSTITUTIONS JURIDIQUES. — JURISCONSULTES CÉLÈBRES.
Ap. J.-C.	De R.	

(37)
(41)
		Nerva le père (P.) — Proculus (P.) (37 fg.) — Cassius (S.) — (777
		  Loi Visellia (V. aussi en + 37).
		Loi Visellia (?)
		Edictum Claudii accordant le droit de cité aux habitants de 3 ville
		  des environs de Trente.

	(800)	Lex Claudia, de tutelis. — Loi permettant d'épouser la fille de son frère (Agrippine).

(54)
 	
(68) (69)
(79)
	(810)	(46) Stc. Velléien — (52) Stc. Claudien.
		(56) Stc. Trébellien — Volusien.
		(+ 62) Stc. Néronien. [Les legs nuls pour vices de formes vaudron
		  comme legs per damnationem (Optimum jus legati). (65) Nerva fils
		  préteur. Cœl. Sabinus, consul (S.). Lex regia de imperio Vespasiani
		  — Stc. Macédonien.]
		Tables de Malaga et de Salpensa (?) — Stc. Pégasien.

(100)
 	
(103)
	(850)	(?) Table d'Aljustrel (Règt municipal pour un district minier en Por-
		  tugal).
		Celsus (Juventius) (le fils) (P.) (142 fg.). Neratius Priscus (P.) (64 fg.).
		  Priscus Javolenus (S.) (206 fg.) — Pegasus (?)
		Tabula alimentaria Trajani.

(138)		Urseius ferox (j.) — Aristo (j.) — Plautius (j.) (+ 128) Stc. Juventien.
		Perfectionnement de la théorie de l'appel — Salvius Julien (S.) (Di-
		  geste, 457 fg.) publie son Edictum perpetuum. Portée de ce monu-
		  ment (?). C'est pour nous une œuvre privée, mais sanctionnée
		  ensuite par l'Empereur. Les décisions des jurisconsultes autorisés
		  reçoivent force de loi. — (Valens, Alb.) — (Africain S. Cœcil.)
		  Quæstionum libri IX) (131 fg.).
		Terentius Clemens (35 f.) — Pomponius (Histoire du Droit) (S. 588
		  fg.) — L. Volusius Mæcianus = Traité de assis distributione.

	(900)	Stc. Tertullien.

(161)
(169)
 	
(176)
 	
(180)
		La quarte Antonine apparaît.
		Papirius justus — Scævola (Q. Servidius) (307 fg.) — Ulpius Mar-
		  cellus (158 fg.) — Gaius (Institutes, fg. 535 au Dig.) d'origine grec-
		  que, peut-être — (Sabinien). = Res quotidianæ; Curateur redditis
		  causis — Crimen expilatæ hereditatis — Stc. sur les gladiateurs.
		(178) Stc. Orphitien.
		Tarunteius Paternus (2 fg.) (Traité de re militari libri IVor) — L'ingra-
		  titude de l'affranchi le fait retomber en esclavage.
		Fragmentum de jure fisci (?) (Date très incertaine).

PRINCIPAUX FAITS HISTORIQUES DES MÊMES PÉRIODES.

rus (?) — *Tibère* meurt étouffé par *Caligula*.

)(790) **Caligula** (Caius Cæsar), prince sanguinaire — Il crée l'académie de Lyon.
)(794) **Claude**. Persécution des druides. — Conquête de la Bretagne. — *Phèdre* (litt.) —

}(807) **Néron**. Meurtres de Britannicus et d'Agrippine. — Révolte de Vindex. — Mort
de *Sénèque* (p. trag. et philosophe) et de *Lucain* (p.). — Les chrétiens persécutés. —
Guerre d'Orient (*Stace, Perse, Juvénal*), (litt.). — *Tacite* (hist.)
|(821) **Galba** (SS. *Galba*) — (822) **Othon** — **Vitellius** — (823) **Vespasien** (L. *Flavien*).
Révolte des Bataves (*Civilis*).

:(832) **Titus**. Mort de *Pline* (+ 79) — (834) **Domitien** (Agricola). 2ᵉ persécution (*Dernier
César*). Les barbares avancent peu à peu. *Val. Flaccus* (p.) *Silius Italicus* (p.) — (+ 95)
(?) *Mort de Quintilien*.
(849) **Nerva** (1ᵉʳ empʳ fam. des *Antonins*).
(851) **Trajan** (Ulp. Traj. Crinitus). Administration sage.

(856) 3ᵉ persécution c/ les chrétiens. — Guerre contre les Daces.
(867) Mort de *Pline le Jeune* (litt.).
(867) Expédition c/ les Parthes. L'Assyrie et la Mésopotamie sont soumises.
(870) **Hadrien** (.El.) (4 provinces confiées à des consulaires). Mort de *Tacite*. Dernière
révolte des juifs. — Il crée le *consistorium principis*. Les arts jettent un dernier éclat :
Môle, Arènes de Nimes. — *Suétone* (hist.) (?) — *Aulu-Gelle* (Nuits attiques). *Galien*
(méd.)

(891) **Antonin le Pieux** (T. Ant. Flavius). — *Juvénal* (p. satirique). — (*Fronton*, rhé-
teur).

(914) **Marc Aurèle et Lucius Verus** (Divi fratres).
(922) **M. Aurèle**, seul (Τὰ εἰς ἑαυτον). — Guerre des Sarmates et en Syrie.
(929) **M. Aurèle et Commode**. — Persécution chrétienne à Lyon. — *Aulu-Gelle* (litt.)
(Sᵗ Justin, Sᵗ Polycarpe).
(933) **Commode** seul. — Cruautés et séditions. Guerre en Bretagne et en Dacie, termi-
née par *Marcellus* et *Pertinax*.
(946) **Commode** meurt empoisonné par sa concubine *Marcia*.

DATE.		LOIS ET INSTITUTIONS JURIDIQUES. — JURISCONSULTES CÉLÈBRES.
Ap. J.-C.	De R.	
(193) (200)	(950)	**Papinien** (Æm. 596 fg. Princeps jurisperitorum). (*Quæstiones, reponsa, definitiones*). Il fut massacré par ordre de Caracalla. — *C. Tryphoninus* (79 fg). *Messius* (j.) *Menander* (?) (j. 4 livres : De militari) (+ 206). *Oratio Caracallæ* (Stc. Emilien). *Oratio* sur l s biens des mineurs. Le droit de cité est accordé à tout l'Empi e dans un but fiscal (fg. 17 D.) (1, 5). Seuls, les citoyens, en effe, payaient l'impôt sur les affranchissements et les successions. La
(217) (222)		portée de cette mesure est discutée. Ortolan soutient qu'après cet e Const[ion] il y eut encore des affranchis *Latins-Juniens* et *dédilices*. — Const[ion] faisant tomber dans le *fisc* (trésor de l'Empire), les c duca qui allaient auparavant à l'*ærarium* (Ulp., R. XVII, § 2). —
(235)		*Venuleius Saturninus* (71, fg.). **Ulpien** (2462 fg.), **Paul** (208 fg , *Callistratus* (99 fg.), *Marcianus* (275 f.), *Florentinus* (42 f.), *Mace*,
(237)		*Modestinus* (345 fg). *Sentences de Paul.* Règles d'Ulpien. *Tertullian* (5 fg.). *Fur. Anthianus* (3 fg.).
(244- 249)	(1000)	Le droit se dégage peu à peu de l'idée religieuse. Le colonat appara t sous Al. Sévère.
(251-253) (260) (268-270) (275) (276) (282-283)		*Dosithée* (jur.) (?) Voy. v[e] et vi[e] s. la mention d'une *consultatio* dite d Dosithée, mais dont la date et l'auteur sont incertains.
(284-286) (294) (300) (305) (307)	(1050)	Nombreux rescrits (+ 294). La *procédure formulaire* est remplacé par les *cogniliones extraordinariæ*. Le magistrat et le juge se con fondent. *Judices pedanei.* Deux Augustes et deux Césars. Développement du colonat. *Edictum Diocletiani de pretiis rerum venalium* (?). *Codes Grégorien et Hermogénien* (Voy. ci-ap. + 325 (Date incertaine).
(320)		*Epitome Hermogeniani* (? Date douteuse ; ce recueil est certainemen postérieur aux Codes Hermogénien et Grégorien. Voy. + 325) Abrogation des lois caducaires. Les notes d'Ulpien, Paul et Marcien sur Papinien sont infirmées par rescrit — (325) Codes *Grégorien* et *Hermogénien* (recueils de rescrits).
	(1090) (1100)	(1) { Création des évêques, des patrices, des comtes du consistoire, du questeur du sacré palais. — L'empire est divisé en 4 préfectures (Orient, Illyrie, Italie, Gaules). Une noblesse hiérarchique apparaît. Suppression des soldats prétoriens. Préfets du prétoire. Constantin défend de vendre l'enfant si ce

(1) N. B. La partie du texte comprise dans l'accolade ne correspond pas exactement aux dates. Il a été impossible de mettre en regard des faits historiques les nombreuses remarques que comporte pendant cette période l'évolution du Droit.

PRINCIPAUX FAITS HISTORIQUES DES MÊMES PÉRIODES.

(946) **Pertinax**. — **Julien**. — **Septime-Sévère** (*Tertullien*, père de l'Église), 5ᵉ persécution. *Niger* et *Albinus*.
(197) Incendie de Lyon. — Administration économe. — Succès chez les Parthes.
(964) **Antonin Caracalla et Geta** — (965) **Caracalla** seul (Bassien).

(970) *Macrin* (Opilius).   (971) *Héliogabale* (M. Aurelius).
(975) *Alexandre Sévère* (Aurelius); Ulpien, préfet du prétoire, est assassiné par les prétoriens. — Guerre c/ les Perses.

(988) *Maximin* (Julius), 6ᵉ persécution — (990) *Gordien* I et *Gordien* II, puis *Maxime* et *Balbin*.

(991) *Gordien* (III). Les Francs apparaissent — (997) *Philippe* (Arabs), puis *Philippe*, fils.

(1002) *Decius*   (1004) *Gallus Hostilien* et *Volusius*.
(1006) *Æmilien*, puis *Valérien Iᵉʳ* et *Gallien*, puis *Valérien II* (7ᵉ et 8ᵉ persécutions).
(1013) *Gallien* seul. — Les persécutions chrétiennes prennent fin.
(1021) *Claude II* — (1023) *Aurélien*. Les Francs sont repoussés. — Succès en Orient. — Zénobie. — Tetricus en Gaule.
(1028) *Tacite* — (1029) *Florianus*, puis *Probus*. Probus résiste heureusement aux barbares.
(1035) *Carus, Carinus* et *Numerianus* — (1036) Les 2 derniers seuls.
(1037) **Dioclétien** — (1039) *Dioclétien et Maximien*. Persécution chrétienne (Cl. *Mammertinus* (panégyriste). Guerres heureuses contre les barbares (+ 305). Abdication de Dioclétien.
(1058) *Constance Chlore et Galère* (AA.). *Sévère et Maximin* (Césars, sortes de lieutenants). Six empereurs :
     Orient : Galère, Licinius, Maximin. ⎱ *Occident :* Maxence, Maximien, Constantin.
(313) » Licinius, seul.   ⎰   Constantin.
314-325) ⎱ **Constantin** *seul*. Concile de Nicée.
(1078) ⎰ Triomphe du christianisme. Fondation de Constantinople. Victoire sur les Goths.

(+ 337) *Constantin II, Constance et Constant.*

(+ 340) *Constant et Constance.* — Le néo-platonisme. L'arianisme.

DATE.		LOIS ET INSTITUTIONS JURIDIQUES. — JURISCONSULTES CÉLÈBRES.
Ap. J.-C.	De R.	
	(1)	n'est *adhúc sanguinolentus*; il interdit l'abandon noxal des filles — Pécule *quasi-castrans* — Pecule *adventice* — (1095 Constant II supprime les formules de droit — (362) Inscription d'*Amorgos* sur les *judices pedanei*.
		Le colonat se développe. — *Præfecti urbi* et *annonæ*. — *Defensores* civitatum (1117) — Decurions. — Le nombre des *crimina extraordinaria* augmente. L'Empereur peut amnistier ou réhabiliter (*Deux Sénats* : Rome, Constantinople).
(400)	(1150)	*Fragmenta Vaticana* (?) [Peut-être ces fragments se placent-ils seulement sous Théodose II, vers 1162] — *Lex Dei* (Collatio legum mosaïcarum...) (Date douteuse). Les Novelles apparaissent.
(420)		Théodose II accorde à tous les gens mariés le *jus communium liberorum*. — L'enseignement du droit devient *officiel*. — L'impôt sur les femmes publiques disparaît. *Consultatio veteris jurisconsulti* (Fg dit de Dosithée) (V. vie s.).
(438)		*Lois des citations* (5 Jurisconsultes accrédités : *Papinien, Paul, Gaius Ulpien, Modestin*). Unanimité : le juge est lié ; Partage : suivre l'avis de Papinien ; Partage, Papinien se taisant : le j. est libre.
		Code Théodosien (16 livres) — (439) Théodose ordonne de réunir les constitutions et de les codifier. Les Novelles postérieures au Code n'obligent que la partie de l'Empire soumise au prince qui les a rendues, à moins qu'elles n'aient été transmises à l'autre Empereur au moyen d'une *Sanctio pragmatica*.
	(1200)	
(469)		A la fin du ve s. ou au commencement du vie, nous trouvons chez les Ostrogoths l'*Edictum Theodorici* (?) = Les judices pedanei deviennent de véritables fonctionnaires (Voy. aussi 506) (date incertaine) — Abrogation de toutes les formules de droit (Répétition de la mesure de 1095 (+ 341) — 475-477 (?) *Livre syro-romain* (pour l'Orient) (Droit privé).
(500)	(1250)	*Lex Dei* (collatio legum mosaïcarum) (?) — D'autres auteurs la placent en (1162 ou 3) — (+ 503) Anastase permet l'émancipation par rescrit ou *apud acta* ; il abolit la patente.
(506)		(?) *Lex romana Visigothorum* (Alaric) (Anien) (Breviarium). *Edictum Theodorici* (517-534) (?) *Lex romana burgundionum* (Papien) (?) (47 titres) (Loi *Gombette*).

(1) *Pour ce passage, voir la note page* 22.

PRINCIPAUX FAITS HISTORIQUES DES MÊMES PÉRIODES.

)(1103) *Constance et Magnence* (AA); *Gallus* (C.); *Symmaque* (litt.).
)(1106) *Constance et Gallus* — (1108) *Constance et Julien* (C.) Succès en Gaule.
)(1114) (+ 361) *Julien* seul (A) dit l'*apostat* — (1116) *Jovien*.
)(1117) *Valentinien Ier et Valens* — (1120) *Valentinien Ier, Valens, Gratien*.
)(1128) *Valentinien II, Valens, Gratien*. Les Visigoths et les Huns apparaissent.
)(1132) *Valentinien II, Théodose Ier, Gratien*.
)(1136) *Valentinien II, Théodose Ier, Arcadius* — (1145) *Théodose Ier, Arcadius*.

)(1146) Les mêmes, plus *Honorius*. Division de l'Empire.

Orient.	Occident.
(1148) **Honorius**.	**Arcadius** (1148). Luttes c/ les barbares. *Stilicon*.
1161 (+ 408) *Théodose II*.	(1176) *Jean* — (1178) *Valentinien III*.
	Attila, met le siège devant Rome que le pape Léon Ier sauve.
(1203) **Marcien**	(+ 455) Genseric prend Rome.
(1210) **Léon Ier**.	(1208) *Maxime*. — *Avitus*.
	(1210) *Majorien*.
	(1214) *Sévère* (puis 2 ans d'interrègne).
(1227) **Zénon** et **Léon II**.	(1220) *Anthemius*.
(*Cassiodore et Boèce*.	(1225) *Olybrius* — (1226) *Glycérius* — (1227) *Jul. Nepos* — (1228) *Romulus Augustule*.
	(1230) Odoacre met fin à l'Empire d'Occident.

(1244) **Anastase** (+ 493). Les Ostrogoths s'établissent en Italie.

DATE.		LOIS ET INSTITUTIONS JURIDIQUES. — JURISCONSULTES CÉLÈBRES.
Ap. J.-C.	De R.	
(518)		Krueger place au commencement du vi° s., la *consultatio veteris ju-risconsulti* (V. *suprà*, v° s., initio). (Ces deux dates sont très incertaines (Voy. aussi iii° s.).
		— Codification générale. — Réorganisation des études de Droit (I., 2, §§ 40-47 (D. 1, 2).
		(533-534) — *Institutes de Justinien* — Abrogation des dernières traces des Lois caducaires.
		Digeste (50 L.) (jur. : Tribonien, Théophile, Dorothée.) La vente de l'enfant *adhùc sanguinolentus* reste permise.
		2 *codes* (leges) (529 et 534) (les mêmes). *Novelles* (168). (De 533 à 545) (7 sont des successeurs de Justinien). L'abandon noxal est supprimé. — Tutelle de la mère permise. — Successions transformées. — Usucapion, dot, privilèges des femmes transformés. — Hypothèque du légataire, etc.
(1300)		

RÉSUMÉ DES DESTINÉES DU DROIT ROMAIN : 1° en Orient.

Sources : *Epitome novellarum et paraphrase de Théophile.* (565-578) L'Anonyme et le Digeste de Cyrille. — 3/ Ἐκλογή τῶν νόμων (en 740 (Léon l'Isaurien).

4/ Πρόχειρον τῶν νόμων (870). Ἐπαναγωγή (878 à 886) — (887) 3/ Βασιλικα (60 livres), ont été falsifiées aux x° et xi° s. — 4/ Ἑξάβιβλος τῶν νόμων (945) — 6/ *Promptuarium* d'Harmenopoul (1350) (?). Σύνοψι Βασιλικῶν.

2° En Occident.

En 733, Rome parvint à se soustraire aux Exarques byzantins et s'érigea en République ; son gouvernement échut ensuite aux Papes. On trouve dès l'année 600 des *Gloses* sur les travaux de Justinien puis un *Dictatum de consiliariis*, la *Collectio de tutoribus*, puis la *Somme de Pérouse*, les *Quæstiones de monita* (xi° s.), enfin (même époque) les *Petri exceptiones*. A côté de l'Ecole de Ravenne, se fonde au x° s. l'Ecole de Pavie, enfin vient le *Brachylogus* (Orléans, xi° s. (?) xii° s.). — *Les Glossateurs : Irnerius* (1100) ; *Bulgarus* (1166) ; *Hugo* (1178) ; *Jacobus, de la Porta* (1178) ; *Placentinus* (1192) ; *Accurse* (1260) (?) ; *Martinus* (1165) ; *Lanfranc* (1229), etc. — L'édition du Digeste de Bologne se nomme la *Vulgate* (Digestum vetus, infortiatum, novum) ; celle de Florence, les *Florentines* (1406).

L'école des *scolastiques* commence avec *Barthole* (1359) ; après lui, *Baldus* (1327-1400), puis l'Ecole *Historique* avec : *Alciat* (1402-1550) ; *Cujas* (1590) ; *Doneau* (1527-1591) ; G. *Budé* (1467-1540) ; *Zazius* (1461-1535). — L'Ecole *néo-historique* commence avec Savigny vers 1810.

PRINCIPAUX FAITS HISTORIQUES DES MÊMES PÉRIODES.

(1271) **Justin.**

(1280) (+ 527) à (1319) (+ 565). **Justinien.** Il réunit de nouveau l'Empire. Théodora (uxorius imperator). — Les bleus et les verts. — Conquêtes de *Narsès.-Bélisaire.* Succès contre les Perses, en Germanie, en Afrique, en Italie qui est reconquise ; Narsès fonde l'*exarchat* de Ravenne.

A LA MÊME LIBRAIRIE

Cours élémentaire d'histoire du Droit français, à l'usage des étudiants de première année, par A. ESMEIN, professeur à la Faculté de droit de Paris, directeur-adjoint à l'École pratique des Hautes-Etudes, ouvrage couronné par l'Académie des sciences morales et politiques, 3e *édition*, revue, corrigée et augmentée, 1898, 1 vol. in-8°... **10** fr.

Éléments de Droit constitutionnel, par A. ESMEIN, professeur à la Faculté de droit de Paris, directeur-adjoint à l'Ecole pratique des Hautes-Etudes, 1896, 1 vol: in-8°........................... .... **10** fr.

Éléments de droit romain, à l'usage des étudiants des Facultés de droit, par GASTON MAY, professeur de droit romain à la Faculté de droit de Nancy, 5e *édition*, contenant : l'histoire du droit romain, les personnes, les droits réels, les obligations, les successions, la procédure civile et les actions, 1898, 1 vol. in-8°. **10** fr.

Cours élémentaire de droit romain, contenant l'explication méthodique des Instilutes de Justinien et des principaux textes classiques pour la préparation aux examens de baccalauréat, de licence et de doctorat en droit, par DIDIER-PAILHÉ, professeur à la Faculté de droit de Grenoble, revu par CHARLES TARTARI, 4e *édition*, 1895, 2 vol. in-8°.. **14** fr.

Principes de droit romain, exposés dans leur développement historique pour servir d'introduction à l'étude du droit français, par GEORGES BRY, professeur de droit romain à la Faculté de droit d'Aix, 2e *édition*, conforme au nouveau programme des études de licence, 1896, 1 vol. in-18.......... .... **6** fr.

Textes de droit romain, à l'usage des Facultés de droit, par E. GARSONNET, professeur à la Faculté de droit de Paris, 1888, 1 vol. in-18........... **6** fr.

Histoire du droit civil français, — Droit privé et sources, — accompagné de notions de droit canonique et d'indications bibliographiques, par PAUL VIOLLET, membre de l'Institut, professeur d'histoire du droit civil et du droit canonique à l'Ecole des Chartes, bibliothécaire de la Faculté de droit, 2e *édition* du *Précis de l'histoire du droit français*, corrigée et augmentée. Ouvrage honoré du grand prix Gobert de l'Académie des Inscriptions et Belles-Lettres, 1893, 1 vol. in-8°...................... .... **12** fr.

Histoire des institutions politiques et administratives de la France, — Droit public, — par PAUL VIOLLET, membre de l'Institut, t. Ier, in-8° (Période gauloise. — Période gallo-romaine. — Période franque)...... **8** fr.
(L'ouvrage sera complet en deux volumes).

Précis de droit international privé, par FRANTZ DESPAGNET, avocat à la Cour d'appel, professeur à la Faculté de droit de Bordeaux, 2e *édition*, 1891, 1 vol. in-8°.. **10** fr.

Cours de droit international public, par FRANTZ DESPAGNET, avocat à la Cour d'appel, professeur à la Faculté de droit de Bordeaux, 1894, 1 vol. in-8°. Prix... **10** fr.

Traité élémentaire de droit international privé, par ANDRÉ WEISS, professeur.agrégé à la Faculté de droit de Dijon, avocat à la Cour d'appel, 2e *édition*, 1890, 1 fort vol. in-8°.. **12** fr.

Manuel de droit international privé, à l'usage des étudiants des Facultés de droit (Examen de licence. — Cours obligatoire de 3e année), (décret du 30 avril 1895), par ANDRÉ WEISS,-professeur-adjoint à la Faculté de droit de Paris, 1895, 1 vol. in-18.. .... **6** fr.

Principes d'économie politique, par CHARLES GIDE, professeur à la Faculté de droit de Montpellier, 5e *édition*, 1896, 1 vol. in-18................. **6** fr.

Précis élémentaire de droit constitutionnel. — Organisation des pouvoirs publics, — par FÉLIX MOREAU, professeur-adjoint à la Faculté de droit d'Aix, 3e *édition* revue et corrigée, 1897, 1 vol. in-18................... **6** fr.

Éléments d'économie politique, par P.-V. BEAUREGARD, professeur d'économie politique à la Faculté de droit de Paris, 1890, 1 vol. in-12........ **5** fr.

Précis élémentaire de droit international public, mis au courant des progrès de la science et du droit positif contemporain, par GEORGES BRY, avocat, professeur à la Faculté de droit d'Aix, 3e *édition*, 1896, 1 vol. in-18.... **6** fr.

Résumé de répétitions écrites sur le Code civil, par F. BŒUF, répétiteur de droit, 2e *édition*, 1886-1892, 3 vol. in-18, avec tableaux synoptiques. **18** fr.
Chaque volume se vend séparément............................ **6** fr.

BAR-LE-DUC. — IMPRIMERIE CONTANT-LAGUERRE.

www.ingramcontent.com/pod-product-compliance
Lightning Source LLC
Chambersburg PA
CBHW070747210326
41520CB00016B/4608